AF587028

LES EAUX MINÉRALES,

COMÉDIE

EN PROSE ET EN DEUX ACTES,

Composée au Printemps de l'Année 1778.

Par Mr. CLAIRVILLE, Citoyen de Maestricht.

Le Prix est de 30 sols.

A LONDRES.

M. DCC. LXXVIII.

AVANT-PROPOS.

CAusant un jour avec quelques personnes sur la quantité de soi-disants Officiers, porteurs d'uniformes baroques, que l'on voit accourir l'été aux Eaux Minérales, nous leur adjugeâmes, en plaisantant, l'uniforme décrit à la fin de la Piece, comme celui que devraient porter ces *Officiers des Eaux Minérales*. Je me chargeai de composer à ce sujet une Scene, & de l'insérer dans quelque Comédie Episodique.

D'après ce projet, j'ai pris la plume; mais pour amener cette Scene, il m'a fallu la faire précéder d'une autre; cette autre encore d'une autre; & de cette façon, j'ai été conduit insensiblement à faire une Comédie en deux Actes. J'étais fort éloigné de vouloir faire gémir la presse, & peut-être le Lecteur, par cette faible production ; mais on m'a fait appercevoir qu'on en imprimait tous les jours de plus mauvaises, sans compter la plupart des journaux & des feuilles périodiques : que ma Piece renfermait un certain but moral, en ce qu'elle ouvrait les yeux aux dupes, & faisait rougir les frippons : de tout temps, m'a-t-on dit, on a exposé sur la Scene, au plus grand jour, les défauts & les vices pour les corriger. Moi, qui fais assez ce que veulent mes amis, je me suis déterminé à être imprimé tout vif.

Je déclare expressément que je n'ai prétendu désigner qui que ce soit dans les personnages que j'ai amenés dans ma Piece. Si par malheur des gens venaient à s'y reconnaître, leur courroux contre moi serait sans doute violent ; mais ce qui me rassure, est qu'ils ne pourraient le faire éclater sans s'avouer coupables.

Les Eaux Minérales étant le rendez-vous de toutes les nations, j'ai choisi entr'elles les personnages dont j'avais besoin, & leur ai donné, sans choix prémédité, les caracteres nécessaires à la conduite de la Piece. D'ailleurs, ce n'est jamais par le caractere d'un individu, qu'on prétend représenter celui d'une nation entiere. L'Histoire serait alors un libelle contre toutes les nations.

Il me reste encore à dire, pour ôter tout prétexte à fausse imputation, qu'il s'en faut de beaucoup que j'aye voulu par cette Piece jetter un ridicule sur le séjour des Eaux Minérales ; je puis dire, avec connaissance de cause, qu'il est très-agréable. J'ai vu Spa & Aix-la-Chapelle. Le premier, est pendant environ deux mois & demi, le séjour peut-être le plus charmant du monde. Toutes les nations semblent s'être imposé le tribut d'y envoyer l'élite des personnes de tout sexe ; aimables, riches & aimant les plaiſirs. Cette ſociété brillante, éloignant tout préjugé national, ſemble ne faire qu'une même famille, & chacun s'empreſſe de concourir au plaiſir général.

L'affluence d'étrangers eſt ordinairement moins grande à Aix-la-Chapelle qu'à Spa; mais cela eſt compenſé par la quantité de perſonnes riches & gens de bonne ſociété, habitants de la ville, & de celle de Borcet qui lui eſt contiguë, leſquels, pendant la ſaiſon des Eaux, ſemblent oublier leurs affaires domeſtiques, pour, de concert avec les étrangers, ne s'occuper que des plaiſirs.

La ſaiſon dure cinq mois à Aix-la-Chapelle, & la bonté reconnue de ſes Eaux Minérales y arrête ſouvent des étrangers pour plus long-temps.

On voit clairement par cet Avant-Propos, qui a plutôt l'air d'une confeſſion de ſoi, que je n'ai point prétendu fronder par ma Piece le ſéjour des Eaux Minérales, mais les abus qui s'y gliſſent néceſſairement par cette même liberté qui en fait l'agrément, & les faire éviter en les mettant au jour.

L'ortie croît ſouvent à côté du roſier.

PERSONNAGES.

LE MARQUIS DE KARAKAKA.

LA MARQUISE DE KARAKAKA.

MYLORD SPLÉENE.

MYLORD BRICBROC.

LE CHEVALIER DE LA VIEILLE ROQUE, Gascon.

LE BARON DE GONZINET.

Une AMIE de la Marquise.

NATHAN LÉVI, Juif.

Un EXEMPT.

MADAME MOKA, Cafetiere.

Quatre RECORS, & DU PEUPLE.

La Scene se passe dans une ville où il y a des Eaux Minérales, n'importe laquelle.

LES EAUX MINÉRALES,

COMÉDIE EN PROSE ET EN DEUX ACTES.

Le Théâtre repréſente une promenade formée par pluſieurs allées d'arbres, parmi leſquelles ſe trouvent, de diſtance en diſtance, des bancs pour s'aſſeoir. A gauche de l'Acteur, on voit une maiſon, qui eſt un Café; & devant la porte, une longue table entourée de chaiſes.

ACTE PREMIER.

SCENE PREMIERE.

LE MARQUIS DE KARAKAKA.

JE crains fort que cette campagne-ci ne ſoit pas bien brillante; preſque point de pigeons (*). —

(*) *Pigeons, travailler quelqu'un, &c.* ſont des termes familiers des Grecs.

Ce que j'ai de mieux à faire, est de travailler vigoureusement le gros Mylord Spléene & Mylord Bricbroc, son ami, sans chercher à les amuser; ils pourraient m'échapper, en lanternant. — J'espere que nous les tiendrons aujourd'hui, pourvu que Madame la Marquise de Karakaka mon épouse puisse leur parler de bonne-heure. — Il est arrivé hier au soir des voitures; si elles pouvaient avoir amené quelques pratiques! (*Appercevant le Chevalier de la vieille Roque.*) Voici, je pense, un des nouveaux débarqués : promenons-nous en faisant semblant de rien, & tâchons de pomper son existence. (*Tout en se promenant, il lorgne le Chevalier du coin de l'œil.*)

SCENE II.

LE CHEVALIER DE LA VIEILLE ROQUE, LE MARQUIS DE KARAKAKA.

LE CHEVALIER DE LA VIEILLE ROQUE, *ne voyant point le Marquis.*

CEt endroit-ci né mé paraît pas trop vilain; c'est ici sans doute qué l'on vient prouméner pour faire passer les eaux.

LE MARQUIS, *à part.*

Il a deux montres! — à chaîne d'or, je crois!

LE CHEVALIER.

Eh, sandis, voilà un prouméneur : si jé pouvais faire prouméner son argent dé sa poche à la mienne? — Il mé faut l'aborder, pour sonder un pu lé terrein.

LE MARQUIS, *à part.*

Il approche : bon.

LE CHEVALIER, *le ſaluant.* (*)

Monſieur goûte-là lé plaiſir dé la prouménade?

LE MARQUIS, *ſaluant.*

Oui, Monſieur, par ordonnance du médecin : il faut, dit-il, beaucoup promener quand on prend les eaux.

LE CHEVALIER.

Vous avez dounc quelqué cauſe dé maladie?

LE MARQUIS.

Sans cela, je vous jure qu'on ne me verrait point dans ce pays-ci ; il ne me convient pas du tout. Mais je ſuis couvert de bleſſures, fruit de la guerre, dont je n'ai encore pu voir une guériſon parfaite. Le fameux Tronchin, que j'ai conſulté à Paris, m'a ordonné les Eaux minérales, comme derniere reſſource.

LE CHEVALIER.

C'eſt fort bien. Pour moi jé ſuis venu prendre auſſi les eaux, pour tâcher dé rémettre un pu ma ſanté chancellante. Dépuis dix ans, jé ſuis toujours incommodé d'un furieux coup d'épée qué j'ai réçu dans la poitrine. Ah, Monſieur! il mé vient d'une affaire bien malhuruſe! C'était contre lé Colonel d'un régiment dans léquel jé ſervais en qualité dé Capitaine ; & cela, pour avoir été un pu trop avant dans les bonnes graces dé Mlle. ſa Sœur. — Monſieur, dans lé même temps qu'il mé donna cé coup, jé lui portai, hem, (*il pouſſe une botte,*) une quarte

---

(*) Il n'y a rien de plus poli extérieurement que ces Meſſieurs.

dans les armes avec l'oppoſition, les ongles en l'air. Paf, il tomba roide mort ſur lé carreau. — Vous voyez, Monſieur, qué c'eſt la même cauſe qui nous a attirés ici.

LE MARQUIS.

(*A part.*) Je commence à m'en douter. (*Haut.*) Monſieur eſt arrivé hier?

LE CHEVALIER.

Oui, Monſieur.

LE MARQUIS.

Êtes-vous venu en compagnie?

LE CHEVALIER.

Non, tout ſul avec mes gens. J'ai un ami qui doit bientôt venir mé joindre. Et vous, Monſieur, êtes-vous ici dépuis long-temps?

LE MARQUIS.

Mais depuis quinze jours, avec mon épouſe la Marquiſe de Karakaka.

LE CHEVALIER.

Ah, vous avez Madame votre épouſe avec vous?

LE MARQUIS.

Comme plus ancien que vous dans la ville, ſi je puis vous être bon à quelque choſe, diſpoſez de moi, je vous prie; en attendant que vous ayiez fait des connaiſſances plus agréables, je vous offre de venir de temps en temps vous diſſiper chez moi.

LE CHEVALIER.

Vous êtes bien honnête. (*A part.*) Ça m'a un pu l'air d'un frere.

LE MARQUIS.

Nous pourrons nous amuſer à faire quelque partie de jeu de commerce, petit jeu s'entend; mon épouſe joue quelquefois auſſi avec une de ſes amies qui l'a accompagnée; enfin nous tuons le temps; & en vérité, j'aime mieux çà que d'aller jouer à la Redoute, au Café, où l'on riſque de ſe trouver avec des Grecs, des Chevaliers d'induſtrie.

LE CHEVALIER.

Effectivement, jé mé rappelle qu'on m'a dit qué les Eaux minérales avaient la vertu d'attirer ces Meſſieurs, comme un bourbier attire les moucherons.

LE MARQUIS.

(*A part.*) Voyons s'il donnera dedans.

LE CHEVALIER.

(*A part.*) Jé lé crois de la bande : mauvaiſe pratique. (*Haut.*) Jé n'ai jamais eu grand goût pour le ju. J'ai un château... mais un château ſuperbe, à trois lieues de Bordeaux, où jé reſte quaſi toute l'année ſans jouer; d'ailleurs, jé né connais aucun ju comm'il faut.

LE MARQUIS.

C'eſt étonnant, pour un Gaſcon : car dans votre pays, on a l'eſprit du jeu.

LE CHEVALIER.

Eh bien, non pas moi; quand jé vois jouer, jé mé laiſſe quelquéfois entraîner au mauvais exemple, & jé perds mon argent en dupe.

LE MARQUIS.

(*A part.*) J'en doute fort.

LE CHEVALIER.

Le ſul ju qué j'aye un pu aimé dans ma vie, c'eſt le Billard; jé n'ai jamais été bien fort, mais j'en ſavais aſſez pour m'amuſer. Dépuis un maudit coup d'épée qué j'ai reçu dans l'avant-bras, il m'eſt reſté un tremblement dans lé poignet : voyez, (*Il montre ſon poignet droit.*) il m'eſt impoſſible à préſent dé tirer comm'il faut une ſule bille. Jé tremble trop.

LE MARQUIS.

(*A part.*) Voilà un ſignal de reconnaiſſance. (*Haut.*) C'eſt un fort joli jeu que le Billard, mais difficile. J'y ſuis bien mazette. — Quand vous voudrez vous amuſer à y jouer quelques parties de fraix, je ſuis votre homme.

LE CHEVALIER.

(*A part.*) Oh, il en eſt; (*Haut.*) mais voyez comme jé tremble; jé né puis jouer avec perſonne qu'on né mé faſſe dé gros avantages.

LE MARQUIS.

Des avantages! Eh, mon Dieu; bien-loin d'être de force à en faire, j'en ai toujours reçu: d'ailleurs, pour jouer des fraix....

LE CHEVALIER.

Oh, il faut un pu intéreſſer la partie; quand on né jouérait qu'une miſere.

LE MARQUIS.

Sans doute. (*A part.*) Il y vient.

LE CHEVALIER.

Jé né ſuis jamais ſûr dé toucher en tremblant comme çà. Tenez, ſauvez-moi ſulement les coups dé manque, & nous irons jouer une bagatelle pour paſſer lé temps.

LE MARQUIS.

Les coups de manque!

LE CHEVALIER.

C'eſt bien pu dé choſe.

(*Ils ſe fixent entre les deux yeux.*)

LE MARQUIS, *après un ſilence.*

Le château ſur la Garonne.

LE CHEVALIER.

Le Marquiſat.

LE MARQUIS.

Le Colonel tué.

LE CHEVALIER.

Les bleſſures, fruit de la guerre.

LE MARQUIS.

Frere.

LE CHEVALIER.

Frere.

LE MARQUIS.

Vous en êtes:

LE CHEVALIER.

Nous en ſommes.

LE MARQUIS.

Je le crois.

LE CHEVALIER.

Il mé paraît dé même.

LE MARQUIS.

(*Ils ſe tapent dans la main.*)

Touchez-là.

LE CHEVALIER.

Volontiers.

LE MARQUIS.

Le loups ne doivent pas ſe manger entr'eux.

LE CHEVALIER.

Non, tant qu'il y a dé moutons. — Oh çà, mettez-moi un pu au fait dé l'air du bureau; croyez-vous qu'on puisse faire quelqué chose ici?

LE MARQUIS.

Pas grand'chose; il n'y a quasi personne; cette maudite guerre naissante nous ôte du monde; les Français, les Allemands, les Russes & les Anglais sont occupés, & ne peuvent gueres venir. Je crois qu'il y aura plus de Grecs que de bergers.

LE CHEVALIER.

Les Anglais étaient bons autrefois, il y avait plaisir dé travailler avec eux; mais à présent ils sont trop éclairés.

LE MARQUIS.

C'est qu'il y a tant de gens sans talent qui se mêlent du métier, qu'ils le gâtent.

LE CHEVALIER.

Avez-vous quelqué partie ici?

LE MARQUIS.

Jusqu'à présent il n'y a eu que quelques escarmouches par-ci par-là; mais j'ai couché en joue deux Mylords en argent, qui sont fort amis l'un & l'autre, Mylord Spléene & Milord Bricbroc; le premier est amoureux de mon épouse, elle lui permettra d'aller chez elle, & là nous le travaillerons.

LE CHEVALIER.

Moi, jé n'ai point pris dé femme cette campagne-ci : l'année passée j'en avais une, elle m'a plus coûté qué rapporté.

LE MARQUIS.

C'est cependant le moyen de faire les plus grands coups. Moi, je les prends au printemps, & les renvoye à l'automne : l'hyver est toujours dur à passer. Celle que j'ai cette année-ci, est pleine de talents. Elle est associée pour un dixieme.

LE CHEVALIER.

Et vous avez sans doute un compagnon outre çà?

LE MARQUIS.

Oui, un garçon de mérite, le Signor Rapiamini.

LE CHEVALIER.

Un Italien! ils ont ordinairement du talent. Ténez, jé sérai enchanté d'être dé votre bande : j'ai laissé mon compagnon malade en route, & jé né puis guere travailler tout ful.

LE MARQUIS.

Nous avons déja beaucoup de parts dans la société, mais n'importe; j'y consentirai, pourvu que je sache auparavant si vous avez du talent, & dans quel genre.

LE CHEVALIER.

Cela est juste. Je vous dirai donc qué jé suis d'une premiere force au billard ; ce qu'on ne peut pas croire, attendu ce tremblement de poignet : & je sais parfaitement en tirer parti. C'est une bagatelle pour moi dé filer la carte, passer une portée, faire sauter la coupe, & cétéra ; en outre, je suis muni de cent cinquante paires dé dez pipés dé tout calibre, tant pour le creps que pour lé passe-dix.

LE MARQUIS.

Bravo, mon cher, bravo. Vous nous ferez voir votre dextérité chez moi, & je vous réponds d'une part. Quant à moi, je n'ignore de rien, & puis me donner pour grand'croix de l'ordre. Oh çà, voici le plan de ma journée. Mon épouſe doit conſentir à laiſſer aller Mylord Spléene chez elle, ſoi-diſant à mon inſu, & pour cela me faire occuper par Mylord Bricbroc en jouant avec moi. Le Signor Rapiamini ſe trouvera chez mon épouſe, & travaillera Mylord Spléene; nous les aurons tous les deux en même-temps, & en tirerons du premier jour tout ce que nous pourrons.

LE CHEVALIER.

C'eſt bien vu; partie réculée eſt ſouvent partie manquée.

LE MARQUIS.

En attendant, allez-vous-en au billard de la Redoute; perſonne ne nous a vus enſemble, j'irai bientôt vous joindre, & nous jouerons l'un contre l'autre. Convenons de la marche que nous tiendrons.

LE CHEVALIER.

D'abord jé férai deux parties à un louis avec lé prémier venu, jé les perdrai; jé démandérai dé gros avantages pour avoir ma révanche, il né mé les donnera pas, jé quitterai la partie. Je propoſerai à la galerie, qui eſt cé qui vut mé donner quatre points pour jouer dix louis; vous m'offrirez dé les jouer à but. Jé demandérai à l'oreille dé l'un & dé l'autre quel eſt votre jû, jé férai voir comme jé tremble; enfin nous conviendrons dé jouer à dux points, à charge dé quatre; jé tiendrai trois ou quatre louis dé paris aux deux premieres parties, qué jé perdrai ſans prendre ſûlement dix points; vous né férez pas beaucoup dé billes, mais vous mé gênérez, & jé férai de mauvais coups; jé jurérai beaucoup, jé vous démandérai ſix points, vous mé lés réfuſérez; jé me fâcherai, & jé jouérai encore à quatre. Je tiendrai dix louis dé paris, jé perdrai la partie toujours dé la même façon. Jé mé démontérai, jé caſſérai une quue, jé vous démandérai de nouveau six points qué vous réfusérez ; je me fâcherai & continuérai à quatre ; tout lé moundé voudra parier, jé tiendrai pour vingt louis dé paris ; alors vous férez battre les billes au coin dé la bélouse, & moi, jé les jouérai au croisé, à la correspondance, dé façon qué toutes celles qué jé férai sembleront des billes dé hasard, & celles qué vous manquérez sembléront dé coup dé malhur ; jé gagnérai la partie ; jé tiendrai les mêmes paris à la partie suivante, qué jé perdrai. Ah ! c'est ici le moment où tout lé moundé voudra rédoubler les paris, croyant qué cé n'est qué par hasard qué j'ai pu gagner une partie ; jé tiendrai tout cé qu'on voudra parier : vous, pour paraître du sentiment dé la galérie, vous augmentérez votre jû dé dix louis ; alors, vos billes ressortant des bélouses, des pertes que vous férez par des contre-coups tachés, moi mes billes crues dé hasard, me feront gagner trois parties de suite, tenant tout : Oh ! jé vous réponds de faire une belle raffle.

A la troisieme partie, vous vous fâchérez beaucoup ; vous mé démandérés dé jouer à dux point, jé lé réfusérai ; dans votre colere, vous mé direz qué jé né joue pas honnêtement ; je vous répondrai qué jé né souffre point dé mauvais propos. La partie finie, je quittérai & vous dirai dé mé suivre, quelqu'un s'y opposéra, nous remettrons au lendemain à nous battre ; lé lendémain nous sortirons de bon matin, & nous né manquerons pas dé faire en sorte qué tout lé mounde lé sache. Le Signor Rapiamini aménéra quelqu'un pour nous séparer ; nous nous tirerons dé grands coups d'épée ; avant que l'on soit à portée dé bien distinguer cé qui sé passe, jé férai comme si je vénais d'être blessé au bras ; nous remettrons nos habits, jé portérai huit jours lé bras en écharpe. On nous régardera comme dé grands braves, nous paraîtrons toujours un pu brouillés, & par-là nous pourrons continuer à faire des parties l'un contre l'autre, ſans qu'on puiſſe ſe douter de notre intelligence.

LE MARQUIS. *Il l'embraſſe avec tranſport.*

Braviſſimo, dignus eſt intrare in noſtro docto corpore. La partie eſt très-bien arrangée. Comptez que je vous ſeconderai à merveille, & que je ſaurai ſuppléer aux circonſtances qui pourraient ſurvenir.

LE CHEVALIER.

Le Ciel puiſſe faire fructifier notre union!

LE MARQUIS.

Allons, partez; je ne tarderai pas à vous rejoindre.

LE CHEVALIER.

Encore un pétit mot, les bons comptes ſont les bons amis; dé combien ſéra ma part?

LE MARQUIS.

D'un quart pour aujourd'hui, & puis nous l'augmenterons ſelon votre mérite. Êtes-vous content?

LE CHEVALIER.

Tope. Jé vais mé mettre à l'ouvrage, & travailler dé tête & dé quüe.

(*Il ſort.*)

SCENE III.

LE MARQUIS.

VOilà une excellente acquiſition qui pourra nous apporter un grand profit. Aſſurément, ce Gaſcon fait honneur à ſon pays; il eſt d'autant plus avantageux de l'avoir dans nos intérêts, qu'il ſerait en état de nous ſouffler de bonnes pratiques, s'il travaillait pour ſon compte. — Aſſeyons-nous un petit moment. *Il s'aſſied ſur un banc de l'allée à la droite de l'Acteur,*

& tire un livre de ſa poche. Et amuſons-nous à lire quelques chapitres de l'Hiſtoire des *Grecs modernes :* bon, me voici à celui des Eaux minérales.

(*Il lit.*)

SCENE IV.

MYLORD, BRICBROC, MYLORD SPLÉENE, LE MARQUIS; *les deux Mylords viennent en promenant dans l'allée la plus proche du Café.*

MYLORD BRICBROC.

MA foi, la ſituation de notre nation eſt fort critique ; le Lord Richmont en a mis tout le danger au grand jour; il a levé le bandeau de la prévention qu'a toujours eu l'Angleterre, en croyant ſes armes invincibles & ſes reſſources inépuiſables. Si nous avions moins mépriſé nos ennemis, nous aurions dans le principe employé des forces néceſſaires pour les ſoumettre.

MYLORD SPLÉENE. (*)

Bon, bon, tout cela s'accommodera.

BRICBROC.

J'en doute fort.

SPLÉENE.

Eh bien donc, il ne s'accommodera pas. A tout

(*) Tout le rôle doit être baragouiné.

cela faut prendre du patience. Qu'à Londres, les Communes, le Parlement, le Roi, ils tâchent d'accommoder les affaires; qu'en Amérique, ils se battent bien, & que nous autres ici nous nous amusions grandement beaucoup, & chacun il sera son devoir.

BRICBROC.

Si le dernier bill....

SPLÉENE.

Oh! le diable te porte avec ton bill. Parlons plutôt de mon charmante Dame Française que j'aime passionnément.

BRICBROC.

Parbleu, voilà qui est bien intéressant pour moi.

SPLÉENE.

Sans contredit, cela doit te intéresser; n'es-tu pas mon ami?

BRICBROC.

Allons, soit; parlons de ta Dame Française. Eh bien, depuis quatre à cinq jours que tu ne penses qu'à elle, as-tu avancé tes affaires? lui as-tu parlé? as-tu été chez elle? t'aime-t-elle?

SPLÉENE.

Diable! comme tu vas vîte! il s'en faut que j'aye tant avancé, & cependant je pense avoir fait déja beaucoup chemin. J'ai envoyé aux informations une femme qui se mêle la.. de... Comment est-ce que l'on nomme çà en Français? Dis-le moi, toi qui parle bien le Français.

BRICBROC.

Dis-le en Anglais.

SPLÉENE.

Non, non, je ne veux plus parler que Français, pour m'apprendre à bien m'expliquer avec mon Dame Française..... Ce femme, il se mêle des affaires des amoureux; il fait des commissions....

BRICBROC.

J'entends. Le nom le plus décent que l'on peut lui donner est celui d'in-tri-guante.

SPLÉENE.

Brigante!

BRICBROC.

Eh non, in-tri-guante.

SPLÉENE.

In-tri-guante. Eh bien donc, mon in-tri-guante m'a appris que ce Dame Française est ici avec son mari, Officier Français de grande qualité, qui se nomme le Marquis de Karakaka, que nous voyons tous les jours.

BRICBROC.

Quel nom barbare!

SPLÉENE.

Elle a avec elle un de ses amies: mais son mari est jaloux violemment. Elle lui a parlé de moi, elle m'a remarqué, & je ne lui suis pas indifférent. Mais le diable de mari m'inquiete. J'ai pensé qu'il me fallait faire connoissance étroitement avec lui, pour qu'il me permette d'aller faire visite à son pouse.

BRICBROC.

Tiens, ne serait-ce pas lui qui est sur le banc?

SPLÉENE.

Eh, ma foi oui, c'est lui-même; voilà parbleu un bon heureux hasard; allons passer devant lui, pour tâcher de lier conversation.

KARAKAKA.

Eh, je crois que voilà mes gens.... Ils viennent

à moi, ... feignons de ne pas m'en être apperçu.

Quand ils ſont devant lui, il ſe leve en les ſaluant, ils lui rendent le ſalut & s'arrêtent pour cauſer.

SPLÉENE.

Vous vous amuſez-là à lire, Monſieur Français?

KARAKAKA.

Oui, Mylord, je liſais en attendant Mad. de Karakaka mon épouſe, qui doit venir ſe promener ici.

SPLÉENE, *bas à Bricbroc avec joie.*

Elle va venir ici. (*haut.*) Monſieur, il eſt marié, & il a Madame ſon pouſe avec lui.

KARAKAKA.

Oui, Mylord.

BRICBROC.

C'eſt une reſſource agréable. Comment trouve-t-elle ce ſéjour?

KARAKAKA.

Moins gai qu'elle ne ſe l'était imaginé lorſqu'elle a voulu faire le voyage avec moi; elle s'amuſait mieux dans ſes terres.

SPLÉENE.

Elle eſt ſans doute fort aimable, Mad. votre pouſe; c'eſt dommage qu'elle s'ennuye.... peut-être qu'elle ne reçoit pas grande compagnie chez elle?

KARAKAKA.

Très-petite, au contraire; elle a une amie, & voilà tout.

SPLÉENE.

Eh pourquoi donc cette ſolitude dans un pays où l'on vient ordinairement pour ſe diſſiper, pour s'amuſer?

KARAKAKA.

Cela peut être pour les hommes; mais une femme

me ne saurait être trop réservée dans un endroit où se trouvent rassemblés toutes sortes de gens.

SPLÉENE.

Je suis persuadé, moi, qu'elle trouverait facilement une compagnie bonne, honnête.

KARAKAKA.

Je préfere sa solitude aux risques d'une société ou malhonnête, ou dangereuse quelquefois pour une jeune femme.

SPLÉENE.

Mais on croirait que voilà du jalousie. Cependant on m'a dit que ce n'était point le mode en France d'être jaloux.

KARAKAKA.

Je.... ne le suis certainement pas, j'ai trop bonne opinion de mon épouse.

BRICBROC.

J'ai beaucoup voyagé en France, & des Français de bonne foi m'ont dit que la bonne opinion d'eux-mêmes plus que celle de leurs femmes les garantissait de la jalousie; ils ne croyent pas qu'on puisse leur préferer quelqu'un.

KARAKAKA.

Il y en a beaucoup que leur femme forcent d'être modestes.

SPLÉENE.

Je serais fort enchanté de faire compagnie avec Mad. votre pouse, si vous me trouvez assez bon pour cela.

KARAKAKA.

Ce serait beaucoup d'honneur pour elle, Mylord; mais je vous le répete, j'aime mieux qu'elle continue sa maniere de vivre.

SPLÉENE.

A part. Le diable porte le jaloux & le jalousie.

KARAKAKA.

J'imagine que l'envie de la promenade lui aura passé, puisqu'elle n'est pas encore venue. Je vais m'amuser à faire une partie.

SPLÉENE, *avec joie.*

A part. Si elle allait venir quand il n'y sera plus.

BRICBROC.

Vous jouez quelquefois; mais ne craignez-vous pas les Chevaliers d'industrie? on dit qu'il n'en manque pas.

KARAKAKA.

Il serait sans doute plus prudent de ne pas s'y exposer; mais je ne puis pas me corriger, quoiqu'assuré d'avoir perdu plus de deux mille louis en dupe. — Ces Messieurs viennent-ils avec moi?

SPLÉENE.

A part. Je men garderai bien.

BRICBROC.

Qu'en dites-vous, Mylord?

SPLÉENE.

Nous ferons encore quelques tours de promenade avant d'aller vous joindre. (*Bas à Bricbroc.*) Restons, mon ami.

KARAKAKA.

En ce cas, j'ai l'honneur de vous saluer.

SPLÉENE.

Votre serviteur très-humble.

KARAKAKA *en s'en allant.*

Il va donner dans le panneau. *Il sort.*

SPLÉENE, *le regardant aller.*

Si son poufe vient, il sera bien attrapé, Mr. le jaloux.

SCENE V.

SPLÉENE, BRICBROC.

SPLÉENE.

MA foi, mon cher Mylord, je suis enchanté. Si cette Mad. le Marquise vient, je vancerai bien mon petit affaire.

BRICBROC.

Mais dis-moi, quel personnage jouerai-je là ? Si tu parles amour, je serai de trop.

SPLÉENE.

Non, mon cher, toi n'être point de trop ; tu connais mieux que moi le mode & le langue Française ; tu me feras fort utile pour lier le conversation. Entre amis on ne peut rien se refuser : tu me feras ce plaisir, n'est-ce pas?

BRICBROC.

Allons, j'y consens : mais si tu veux que je te parle franchement, je crois que ton espoir est chimérique : quelle apparence que cette femme prenne subitement du goût pour toi?

SPLÉENE.

Pourquoi non ! j'en ai bien pris subitement pour elle.

BRICBROC.

Tu sais l'antipathie qu'il y a entre les deux nations.

SPLÉENE.

L'amour peut rapprocher les nations.

BRICBROC.

Les Françaiſes ſont ruſées; elle pourrait bien ſe moquer de toi.

SPLÉENE.

Les Françaiſes ſont coquettes, elle pourrait bien prendre du l'amour pour moi.

BRICBROC.

Il lui faudrait pour cela une fiere doſe de coquetterie.

SPLÉENE.

Que Diable, je ne ſuis pourtant pas ſi déſagréable. Tiens... tiens... la voilà... la voilà... *Elles paraiſſent au fond, ſe promenant à petits pas. Lui ſautant au col.*) Je ſuis tout tranſporté, mon cher Mylord. (*Il le baiſe.*)

BRICBROC.

Prends donc garde que je ne ſuis pas la Marquiſe, ne vas pas commettre ici quelqu'incongruité.

SPLÉENE.

Qu'eſt-ce qu'un congruité?

BRICBROC.

Incongruité ſignifie mépriſe, étourderie.

SPLÉENE.

Oh, que non.

SCENE VI.

Les Mylords entretiennent une Scene muette, dans laquelle Spléene fait des démonstrations d'une grosse joie.

LES PRÉCÉDENTS, LA MARQUISE ET SON AMIE, *se promenant.*

LA MARQUISE.

Effectivement, le voilà.

L'AMIE.

Il est avec cet autre Anglais qu'on nous a dit son ami.

LA MARQUISE.

Faisons-lui beau jeu pour nous aborder; car il pourrait bien perdre le temps à consulter de quelle maniere il s'y prendra.

SPLÉENE.

Elles viennent à nous; ne serait-il pas du politesse de les prévenir?

BRICBROC.

Sans doute.

SPLÉENE.

Avançons; mais parle le premier, toi.

L'AMIE.

Ils viennent, gagnons le banc à côté pour n'avoir pas l'air de les chercher.

SPLÉENE *effrayé.*

Mon Dieu, je crois qu'elles nous fuyent.

BRICBROC.

Eh non, elles vont s'asseoir, allons toujours. (*Ils abordent les Dames, Spléene a l'air très-emprunté.*) Ces Dames veulent-elles permettre que nous ayions l'honneur de les saluer ?

LA MARQUISE *saluant gracieusement.*

Monsieur....

SPLÉENE.

Mad. la Marquise, je suis bien votre serviteur, très-humble.

LA MARQUISE.

Monsieur, je vous salue.

(*Un silence*).

SPLÉENE *bas à Bricbroc.*

Dis donc quelque chose.

BRICBROC.

Cette promenade-ci est fort jolie.

LA MARQUISE.

Charmante.

SPLÉENE.

Vous l'êtes bien plus qu'elle.

LA MARQUISE *avec le ton du persifflage.*

Vous êtes bien honnête; il est flatteur pour moi d'être mise en comparaison avec une promenade.

BRICBROC.

Il faut excuser Mylord.

SPLÉENE.

Est ce que j'ai dit quelque sottise? Pardon, Mad. le Marquise, il s'en faut beaucoup que je veuille vous déplaire; au contraire.

BRICBROC.

Mylord ne possede pas le bien le Français.

SPLÉENE.

Mais je voudrais posséder bien le Française.

LA MARQUISE, *riant.*

Vous êtes tout-à-fait galant, Mylord.

(*Silence.*)

L'AMIE.

Comment vous amusez-vous dans ce séjour, Messieurs?

BRICBROC.

Mais il n'est pas trop gai. La société n'est point du tout brillante en hommes; plus de joueurs que d'autres. Et en femmes, il n'y a guere que des siecles ambulants, qui sont bien les êtres les plus insupportables; elles vous racontent comme on faisait l'amour il y a trois générations.

LA MARQUISE.

Cela peut être agréable aux amateurs de l'antiquité.

BRICBROC.

Pour moi, je tiens pour le moderne.

L'AMIE, *à Spléene.*

Et vous, Mylord?

SPLÉENE.

Aussi moi, je tiens pour la moderne.

BRICBROC, (*fixant la Marquise.*)

Les jeunes femmes aimables sont rares ici. Encore en est-il qui ont la cruauté de ne point se produire dans la société.

LA MARQUISE.

Elles peuvent avoir des raisons pour cela.

BRICBROC.

Lesquelles?

LA MARQUISE, *soupirant.*

On n'est pas toujours maître de suivre son inclination. *Elle jette un coup d'œil expressif à Spléene, qui la contemple sans cesse.* (*Un silence.*)

L'AMIE, *à Spléene.*

Mylord, vous paraissez rêveur, vous ne dites rien.

SPLÉENE.

Je pense beaucoup & je parle peu, de crainte de me tromper & de dire quelque sottise.

L'AMIE.

On juge par l'intention.

LA MARQUISE.

(*A part.*) Il faut le pousser à bout. *A Spléene, le fixant.* Mylord est peut-être accoutumé de parler par interprete.

SPLÉENE, *embarrassé.*

Mondame...

LA MARQUISE.

Vous rougissez.

SPLÉENE.

Est-ce que vous seriez fachée contre moi du liberté que j'ai prise?...

LA MARQUISE.

De quoi?...

SPLÉENE.

De ce que je vous ai fait parler par une femme....

LA MARQUISE, *avec une colere feinte.*

Ah! vous en convenez. Oui, Mylord, très-fâchée.

SPLÉENE.

C'est une bri... tri... in... triguante, Madame la Marquise.

LA MARQUISE, *en colere.*

Pour qui me prenez-vous donc, de m'adresser pareille femme? Une intriguante!

SPLÉENE.

Excusez, je ne me souviens pas bien du nom. Je veux dire une femme qui est bonne pour favoriser les amoureux.

LA MARQUISE, *redoublant de colere.*

Quelle insolence !

SPLÉENE.

De grace, appaisez-vous. C'est une femme qui fait... Ah!.. qui est une....

BRICBROC, *l'interrompant.*

Tais-toi, tu vas dire encore quelque sottise.

SPLÉENE.

Eh bien, dis donc pour moi ce que c'est.

BRICBROC.

Madame, vous avez inspiré à Mylord, & vous êtes bien faite pour çà, un amour violent; ayant appris que vous étiez inaccessible, il s'est cru permis d'user de cette seule voie pour vous découvrir ses sentiments.

SPLÉENE, *avec effusion.*

Oui, le diable me porte, c'est cela même.

LA MARQUISE, *d'un ton radouci.*

J'ai eu beaucoup de peine à modérer mon courroux; & si je n'ai point fait un éclat, çà été pour ne point compromettre Mr. le Marquis mon époux; (*Le cœur gros.*) car il est d'une jalousie terrible, & encore plus délicat sur le point d'honneur; un homme qui pour un rien met l'épée à la main.

SPLÉENE.

Diable! voilà un vilain défaut.

LA MARQUISE, *sur le même ton.*

Je ne vous ai permis de lier conversation avec nous, que pour avoir occasion de vous faire connoître ma façon de penser; & je suis sur les épines;

car si par malheur M. le Marquis passait par ici & qu'il me vît avec vous, oh! je serais perdue.

L'AMIE.

Je suis bien sûre qu'il est à présent au jeu. Maudite passion qu'il a là, & dont il est toujours victime.

SPLÉENE.

Oui, il était à promener avec nous, & il nous a quittés pour aller jouer.

L'AMIE.

Ne l'ai-je pas dit! Enfin, puisqu'il joue, il ne finira de sitôt, nous pouvons rester ici encore un peu.

LA MARQUISE, *d'un ton plaintif.*

Pour le jeu, il oublierait jusqu'à sa femme.

SPLÉENE.

Oh! si j'avais le bonheur d'être à son place, je ne voudrais jouer que de petits drôles de jeu avec vous.

BRICBROC.

Mais avec un mari de cette trempe, vous ne devez guere être heureuse.

LA MARQUISE, *soupirant.*

Ah!

BRICBROC.

Convenez-en!

LA MARQUISE.

Chacun a ses peines.

SPLÉENE.

Quand on a de peine, il faut chercher de consolation.

LA MARQUISE, *un air de sentiment.*

Une femme bien née souffre, sans chercher à se venger.

BRICBROC.

Je suis bien assuré que c'est lui qui vous empêche de voir du monde, qui vous tient dans cette contrainte affreuse. C'est un meurtre impardonnable, d'ensevelir comme ça une jolie femme.

SPLÉENE.

Comment souffrez-vous tout cela? on dit que les Dames Françaises aiment tant le liberté.

BRICBROC.

Il faut bien aimer un mari, pour être son esclave.

LA MARQUISE.

Quelquefois on a de grandes obligations qui exigent de la reconnoissance, & cette reconnoissance tient lieu d'amour.

BRICBROC.

Rien ne peut équivaloir l'amour.

LA MARQUISE.

Mais du moins, exiger les mêmes procédés.

BRICBROC.

Seriez-vous dans ce cas avec M^r. le Marquis?

LA MARQUISE.

Voilà des questions un peu pressantes. (*Ici commence le jeu de l'évantail*) Je dois beaucoup à mon mari, — il m'a fait partager une fortune considérable.

L'AMIE.

Oui, que le jeu a furieusement écornée; voilà-t-il pas un bel avantage? Ah! si j'étois à votre place....

LA MARQUISE, *d'un ton imposant.*

Ma chere amie....

SPLÉENE.

Laissez-là dire, elle parle supérieurement.

L'AMIE.

Oui, si j'étais à votre place, je ne voudrais pas sacrifier le printemps de mes jours à un joueur qui dissipe sa fortune, à un jaloux qui vous tourmente. Il prend ses aises, & je prendrais les miens.

SPLÉENE, *avec un transport de joie.*

Le diable me porte, voilà une façon de parler qui m'enchante : & sans le respect du Dame, je vous baiserais de tout mon cœur.

LA MARQUISE.

Ma bonne amie, votre saillie vous a attiré cette familiarité.

SPLÉENE, *avec ivresse & volubilité.*

Il n'y a point de familiarité là-dedans. Elle m'a transporté; & dans mon transport, j'ai le hardiesse de vous déclarer mes sentiments; je vous aime de tout mon ame, & je vous assure que je voudrais bien faire Mr. le Marquis....

BRICBROC, *l'interrompant avec vivacité.*

Eh bien ?...

SPLÉENE.

Faire... avec Mr. le Marquis société & avec vous.

LA MARQUISE.

Quand j'aurais la meilleure envie de voir du monde chez moi, je n'oserais jamais m'exposer aux fureurs de sa jalousie.

SPLÉENE.

Mais quand il est au jeu, n'y aurait-il pas du possibilité d'aller faire un petit tour chez vous, à son place.

LA MARQUISE, *avec l'air de, taisez-vous, faites.*

Mylord, vous vous émancipez.

SPLÉENE.

Pardon, mon belle Dame, c'est que je le dis comme je le pense.

BRICBROC.

Tu as toujours le secret de bien raccommoder les choses.

LA MARQUISE.

Mais encore, si j'avais quelqu'un à recevoir chez moi, pourquoi serait-ce vous?

SPLÉENE.

Parce que je vous aime grandement.

LA MARQUISE, *minaudant.*

Mylord plaisante.

SPLÉENE.

Le peste m'étouffe si je ments.

LA MARQUISE.

Ce ne serait pas une raison suffisante.

SPLÉENE.

Est-ce que vous me haïssez ?

LA MARQUISE, (*jeu de l'évantail.*)

Je ne dis pas cela.

L'AMIE.

Mylord vaut cent fois mieux que votre mari.

SPLÉENE, *à l'Amie.*

Personne charmante, parlez pour moi, je vous en prie.

LA MARQUISE.

Ce serait peine perdue.

BLICBROC.

Mais recevoir mon ami chez vous comme une société honnête, décente, & sans tirer à conséquence....

LA MARQUISE.

Bien entendu.

BRICBROC.

Ne serait un mal qu'au cas que votre mari le sût.

LA MARQUISE, *avec l'air du sentiment.*

Je le saurais moi, & c'est assez.

BRICBROC.

C'est être trop sévère.

LA MARQUISE.

Il est vrai que mes intentions sont pures, & certainement Mylord doit être bien persuadé que si j'avais l'imprudence de le recevoir chez moi, cette imprudence ne serait suivie d'aucune autre. — Mais il n'y faut pas songer. — Jamais je n'oserai m'y exposer. — Comment le cacher à mon mari ?

L' A M I E.

Il est toute la journée à jouer.

L A M A R Q U I S E.

Mais qui m'assurera que d'un moment à l'autre, il ne reviendra pas à la maison ? D'ailleurs, il a son ami, le Signor Rapiamini, qui est la seule personne qui vienne chez moi, que je hais à la mort, & qui, je crois, lui sert d'espion.

L' A M I E.

N'est-il pas possédé aussi du démon du jeu, lui? S'il trouvait à faire une partie chez vous, il ferait content, & je suis bien sûre qu'il ne dirait rien à votre mari.

B R I C B R O L.

Les Italiens sont bonnes gens, on peut entrer en composition avec eux.

L A M A R Q U I S E.

Une femme de ma qualité, recevoir des visites à l'insu de son mari! Si jamais cette démarche hasardée était sue, on ne voudrait pas croire à la pureté de mes intentions, & la perte de ma réputation serait le fruit de mon imprudence.

S P L É E N E.

Mon cher Dame, soyez bien sûre du secret; je vous en fais serment pour moi & mon ami. Je vous prie, accordez-moi votre petit faveur, ce sera le plus grand que j'aye eu de ma vie.

LA MARQUISE, *tendrement.*

Vous êtes persuasif. Mais encore une fois, comment m'assurer que mon mari ne reviendra pas à la maison tandis que vous y serez ?

S P L É E N E.

Pour cela.... d'abord.... moi, je me charge.... il faudrait....

L' A M I E.

Eh, c'est la chose du monde la plus aisée; ces

Messieurs n'ont qu'à aller joindre M. le Marquis, à coup sûr ils le trouveront à jouer. Dès qu'il aura fini sa partie, l'un d'eux lui en proposera une autre, qu'il acceptera, j'en suis sûre. Il la fera durer long-temps ; & pendant ce temps-là, celui qui ne jouera pas, viendra vous faire visite.

SPLÉENE, *vivement.*

Moi, d'abord, je suis celui qui ne jouera pas, n'est-ce pas, mon cher Dame ?... hem !

LA MARQUISE, *avec le trouble de la vertu agonissante.*

Je le veux bien.

Elle laisse tomber sa main du côté de Spléene, qui la prend & la baise avec transport.

SPLÉENE.

Que de joie !... que de bonheur !... mon cher Mylord, n'y consens-tu pas aussi ?... je réclame ton amitié.

BRICBROC.

Soit.

SPLÉENE.

C'est le plus beau jour de mon vie.

LA MARQUISE, *à Spléene.*

Souvenez-vous bien, Mylord, que c'est sans tirer à conséquence.

SPLÉENE.

Oui, oui, sans tirer le conséquence. — Nous partons tout de suite, beau Marquise, pou-r-âter le moment....

LA MARQUISE, *avec un soupir de tendresse.*

Allez donc, Mylord : (*Lui serrant la main.*) songez que ma réputation, ce que j'ai de plus cher au monde, dépend de votre discrétion.

SPLÉENE, *lui baisant la main.*

Soyez tranquille. (*Il la quitte.*) *A Bricbroc en s'en allant.* Mylord, conçois-tu mon bonheur ?

BRICBROC, *s'en allant avec lui.*

Attends jusqu'au bout.

SCENE VII.

LA MARQUISE ET L'AMIE.

LA MARQUISE.

EN vérité, ces Anglais sont les meilleures gens du monde; il est aisé de leur faire entendre raison.

L'AMIE.

Mylord Spléene est bien Anglais; mais son ami est beaucoup francisé, & je le crois plus difficile à manier.

LA MARQUISE.

Eh, mon Dieu, s'il avoit le cœur pris, il serait aussi souple qu'un gant.

L'AMIE.

Il est vrai qu'avec de la figure, de l'esprit & du talent, comme vous avez, on fait tout ce qu'on veut des hommes.

LA MARQUISE.

Une partie de ma gloire vous est due, car vous me secondez à merveille.

L'AMIE.

Je fais ce que je dois.

LA MARQUISE.

J'ai eu d'excellentes leçons pendant quatre ans que j'ai resté femme de chambre à Paris chez la Duchesse de ***, & j'ai bien profité. — Malgré cela, tu ne saurais croire, chere amie, que des scrupules m'ont souvent tourmentée. Mon métier cependant n'est autre que celui de joueuse; si je laisse entrevoir quelqu'espoir aux sots qui deviennent épris de mes faibles appas, ce n'est que pour les engager à venir jouer chez moi, & les congédier quand ils ont perdu

perdu tout leur argent, sans jamais réaliser l'espoir dont ils peuvent s'être flattés.

L'AMIE.

Ces scrupules sont des sottises; il serait à souhaiter que l'on n'employât jamais de ressources plus honteuses que celles-là pour gagner de l'argent. Il vaut mieux profiter de la faiblesse des hommes pour les engager à jouer, que pour mettre ses charmes à l'enchere, & se ravaler à l'égal d'un cheval de louage.

LA MARQUISE.

Quelle horreur! malheureusement trop commune. — Ce qui m'encourage beaucoup, c'est de voir que dans les plus hauts rangs, plusieurs personnes ne dédaignent point de tirer parti du jeu.

L'AMIE.

Combien des meilleures maisons de Paris ne vivent que de çà!

LA MARQUISE.

J'ai vu un Duc, (*) Gouverneur d'une des Provinces méridionales de France, donner à jouer chez lui les jeux de hasard, & louer à son Maître d'hôtel pour une très-grosse somme, le profit des cartes.

En Corse, Madame Ch..., femme de l'Intendant, taillait les vingt-un à un jeu terrible; après avoir donné les cartes aux pontes, elle passait tranquillement dans son cabinet, sous prétexte de besoin, & en revenant montrait un ving-un de commande: pas plus fin que çà. Par le moyen de cette plaisanterie innocente & récidivée, elle amassait des monts d'or, sans que personne osât dire la moindre chose, ex-

---

(*) Le Duc de.....

De peres très-fameux, enfants très-peu connus,
Dont on cite les noms au défaut des vertus.

DORAT, *dans la Feinte par Amour.*

cepté un Lieutenant du Régiment de Soiſſonnois, qui, perdant ſon dernier louis, le reprit en diſant : „ Oh, „ parbleu, je ne payerai pas celui-là, Madame ; il „ y a une fabrique de vingt-un dans votre cabinet".

La dite Dame était jolie, aimable, & la chronique ſcandaleuſe prétend qu'elle ne s'en tenait pas toujours à ne donner que de l'eſpoir.

L'AMIE.

Il me ſemble qu'il eſt glorieux pour une ex-femme de chambre & une ex-monteuſe de coëffe, de marcher ſur les traces d'une Intendante.

LA MARQUISE.

D'après cette ſage réflexion, rentrons chez nous y tout diſpoſer, & faire avertir le Signor Rapiamini de s'y rendre à l'inſtant.

Fin du premier Acte.

ACTE SECOND.

SCENE PREMIERE.

NATHAN LÉVI, (*seul.*) (*) *En arrivant, il s'assied à la table.*

J'Ai fort bien travaillé aujourd'hui; voilà une boîte d'or & une bague de diamants qui m'ont coûté quarante louis, & que j'ai vendus soixante, argent comptant, il y a huit jours, & que je viens de racheter pour trente. Béni soit le joueur qui en mettant mon homme a sec, l'a obligé de me revendre ses bijoux! — Ah, ah, les Grecs envoyent quelquefois de bonnes pratiques aux Juifs. — Si nous écorchons un peu les Chrétiens, ils n'ont pas à se plaindre, eux qui nous brûlent. — Oh çà, puisque j'ai fait une bonne affaire, je vais me régaler d'une tasse de café. Je la payerai avec une piece de trois sols fausse qu'on m'a glissée dans un payement.

(*) Si par hasard cette Piece était représentée, l'Acteur qui remplirait le rôle du Juif, doit imiter le baragouin ordinaire aux Juifs, & copier la caricature du Juif le plus renommé de l'endroit.

SCENE II.

NATHAN LÉVI, Mad. MOKA, *venant par le Café.*

Mad. MOKA.

AH, vous voilà, Nathan Levi.

NATHAN LÉVI.

Bon jour, Mad. Moka.

Mad. MOKA.

Eh bien, comment vont les affaires?

NATHAN LÉVI.

Ah, ah, pas trop bien : la saison n'est pas belle; je suis à rien faire. Patience : voudriez vous me faire donner une tasse de café? on dépense plus qu'on ne gagne.

Mad. MOKA.

On va vous l'apporter. *Elle rentre.*

SCENE III.

NATHAN LÉVI, *après avoir un peu rêvé.*

JE crois que j'ai donné une couronne de trop à mon ami Celleri, pour sa part de l'intérêt au 50 pour 100 de deux mille écus que nous avons prêtés de moitié. Voyons un peu. *Il sort de sa poche un morceau de craie, avec lequel il chiffre sur la table de droite à gauche à la maniere des Juifs. Après avoir chiffré quelque temps.* Que Diable! je m'étais bien trompé; c'est moi au contraire qui ai pris une couronne de trop. Ah, bon : il vaut mieux que ce soit comme çà. — Eh bien, je la garderai ; je lui procure assez de profit.

SCENE IV.

NATHAN-LÉVI, Mad. MOKA, & un Valet qui apporte le café, & s'en va.

Mad. MOKA.

VOilà votre café. Il vient d'entrer le Baron de Gonzinet, qui demande après vous ; il a l'air de vouloir de l'argent ; il sort du jeu.

NATHAN LÉVI.

Le connaissez-vous? on m'a dit qu'il était bon.

Mad. MOKA.

Bien bon, c'est un homme qui a des rentes & qui est son maître.

NATHAN LÉVI.

Eh bien, dites-lui que je suis ici.

Mda. MOKA.

Je vais vous l'envoyer. Vous voyez que j'ai soin de vous.

NATHAN LÉVI.

Aussi, quand j'ai quelque chose à dépenser, c'est toujours chez vous ; voilà une bonne piece de trois sols ; rendez-moi un sol, & ma tasse de café sera payée. (*Elle lui rend un sol, & s'en va.*)

SCENE V.

NATHAN-LÉVI, *seul.*

ENcore un qui vient se prendre aux filets ; Moïse a soin de ses fideles disciples. Nous sommes proscrits par les Chrétiens, par-tout méprisés, presque tous errants, ne possédant rien que notre industrie ; & par une protection évidente de la justice du Ciel, ces Chrétiens qui possedent tout, sont obligés de nous demander de l'argent.

SCENE VI.

NATHAN LÉVI, LE BARON DE GONZINET, *venant par le Café.*

LE BARON.

AH, te voilà, mon cher Nathan Levi, je te cherchais.

NATHAN LÉVI.

Serviteur à Monsieur le Baron.

LE BARON.

Mon ami, j'ai perdu tout mon argent, & deux cents louis sur ma parole : j'ai recours à toi.

NATHAN LÉVI.

J'en suis faché, Mr. le Baron, mais je n'ai pas de l'argent. (*)

(*) Tournure de phrase commune aux Juifs.

LE BARON.

Tu badines ?

NATHAN LÉVI.

Non, je ne badine pas.

LE BARON.

Hé mon Dieu ! il m'en faut cependant. Il n'y a que toi qui puiſſe me tirer d'affaire ; je ſuis perdu ſans cela.

NATHAN LÉVI.

Si j'en avais, il ſerait bien à votre ſervice.

LE BARON.

Mais tu ſais qu'avec moi il n'y a rien à perdre.

NATHAN LÉVI.

Je n'ai pas de l'argent.

LE BARON.

Je donnerai de gros intérêts.

NATHAN LÉVI.

Je ne regarde pas à cela... mais encore combien vous faudrait-il ?

LE BARON.

Deux cents louis.

NATHAN LÉVI.

Deux cents louis ! où diable voulez-vous que je les prenne ? — n'avez-vous pas quelques bijoux ?

LE BARON.

J'ai là une belle boîte d'or & mes deux montres. (*Il les donne au Juif, qui les tourne & les retourne.*) Mais qu'aurai-je avec çà ? la boîte peſe vingt louis, & m'en a coûté trente ; les deux montres, avec les chaînes & breloques, me coûtent quarante louis ?

NATHAN LÉVI.

On vous a donc bien trompé. — La boîte peſe vingt louis.

LE BARON.

Je t'en donne ma parole.

NATHAN LÉVI.

Oui, elle doit bien les peser; mais pour les montres, çà ne vaut rien, il n'y a pas beaucoup d'or.

LE BARON.

Mais regarde le travail, elles sont charmantes.

NATHAN LÉVI.

Ba, c'est un ouvrage de fantaisie.

LE BARON.

Il y a deux mois que je les ai achetées sortant de la main de l'ouvrier.

NATHAN LÉVI.

La mode en est passée. — Ecoutez, voulez-vous vendre la boîte & les deux montres?

LE BARON.

Qu'est-ce que cela m'avancera, pour les deux cents louis qu'il me faut?

NATHAN LÉVI.

Ce sera toujours quelque chose. — Ecoutez, je vous donne vingt louis de la boîte.

LE BARON.

Vingt louis; elle les pese; & la façon?

NATHAN LÉVI.

La façon est mauvaise; si je l'achete, je la ferai fondre tout de suite, & je vous donne douze louis des deux montres. Çà fait trente-deux louis; c'est de quoi regagner tout votre argent.

LE BARON.

Comment, tu oses me proposer trente deux louis de ce qui m'en a coûté soixante & dix?

NATHAN LÉVI.

Si l'on vous a trompé, ce n'est pas ma faute.

LE BARON.

Non, je ne veux pas autant perdre. Tiens, donnes-m'en cinquante louis.

NATHAN LÉVI.

Cinquante louis! je veux bien les acheter pour

vous faire plaisir, mais il ne faut pas qu'il m'en coûte mon l'argent. Ecoutez : j'ai trente - cinq louis dans ma poche, que j'ai promis à quelqu'un ; il ne me restera pas un sol. Si vous les voulez pour votre boîte d'or & les deux montres, ils sont à vous.

LE BARON.

Mais pour compléter les deux cents louis dont j'ai besoin?...

NATHAN LÉVI.

Si nous faisons le marché, je tâcherai de vous les faire trouver.

LE BARON.

Bien sûr?

NATHAN LÉVI.

Foi d'honnête homme.

LE BARON.

Allons, prends mes bijoux, & donne-moi les trente-cinq louis.

NATHAN LÉVI.

Les voilà bien beaux & bien comptés. Marché fait.

LE BARON, (*il prend les louis, & le Juif les bijoux.*)

Oui, parole d'honneur.

NATHAN LÉVI.

Parole d'honneur.

LE BARON.

Oh çà, à present, comment compléteras-tu les deux cents louis?

NATHAN LÉVI.

Mais quelle sûreté donnerez-vous?

LE BARON.

Une lettre de change sur moi, à trois mois de date; je suis connu.

NATHAN LÉVI.

Oh, mon Dieu, si cela me regardait seul, je vous les donnerais sur votre simple parole; mais il faut que j'aille chercher l'argent chez mon ami Celleri, & il n'en donnera pas si vous n'avez une bonne caution d'un Négociant d'ici, & il prendra un gros intérêt. Moi, je suis Juif; mais lui est Chrétien Juif, c'est bien plus.

LE BARON.

Je ne connais aucun Négociant ici; d'ailleurs, je n'ai jamais eu besoin de caution.

NATHAN LÉVI.

Je suis sûr qu'il ne fera rien sans cela.

LE BARON.

Vas voir.

NATHAN LÉVI.

C'est inutile; je me garderai bien de lui aller faire cette proposition.

LE BARON.

Que diable, je ne t'ai vendu ma boîte & mes montres que parce que tu m'as promis de me faire trouver le reste des 200 louis.

NATHAN LÉVI.

Je ne vous ai pas promis de vous les faire trouver sans sûreté.

LE BARON, *en colere.*

Eh bien, voilà les trente louis, rends-moi mes bijoux. Tu es un gueux, un coquin.

NATHAN LÉVI, *toujours d'un grand sang froid.*

Cela se peut bien; mais vous qui êtes un Baron, un honnête homme, vous ne voudrez pas manquer à la parole d'honneur que vous m'avez donnée, comme quoi le marché était fait.

LE BARON, *emporté.*

Je te donnerai des coups de bâton.

NATHAN LÉVI. *Il garde toujours le plus grand sang froid qui contraste avec la colere du Baron.*

Je le veux bien; il vous en coûterait encore de l'argent.

LE BARON, *démonté & ne sachant que faire.*

Mais comment vais-je faire? Tire-moi de peine, mon cher Lévi.

NATHAN LÉVI.

Je ne demande pas mieux. — Si vous aviez de bons bijoux, Celleri vous donnerait de l'argent dessus.

LE BARON.

Je n'en ai point.

NATHAN LÉVI.

Ecoutez : pour vous rendre service, je vous en vendrai, moi. Vous me donnerez une bonne lettre de change du prix, à trois mois de date. Vous voyez bien par-là que je me fie à Mr. le Baron.

LE BARON.

A la bonne heure; mais donne moi de bons effets, & pas chers.

NATHAN LÉVI.

Oh que non. Je vous traiterai en ami. Voilà d'abord une superbe bague de diamants & une boîte d'or magnifique : çà fait deux beaux bijoux.

LE BARON.

Parbleu, je les ai vus hier à un Officier.

NATHAN LÉVI.

Je les ai achetés aujourd'hui bien cher. Je vous les passerai à soixante & dix louis les deux.

LE BARON.

Soixante & dix louis!

NATHAN LÉVI.

Ce n'est pas cher, je ne Puis pas les laisser à un sol de moins, en conscience; vous êtes le maître de les prendre ou non.

LE BARON.

Il faut bien que j'en passe par-là.

NATHAN LÉVI. *Ecrivant avec de la craie sur la table.*

70 louis d'or. — Voici à présent la boîte d'or &

les deux montres que vous m'avez vendues; je vous les passerai à...

LE BARON.

A trente-cinq louis, ce que tu m'en as donné.

NATHAN LÉVI.

Oh! vous badinez. Il ne faut pas songer seulement que vous les ayiez eus; je ne les ai pas acheté pour les revendre au même prix.

LE BARON.

Eh bien, je te donnerai un louis de profit; je crois que c'est bien assez, de gagner un louis dans une minute.

NATHAN LÉVI.

Oh! vous badinez. J'ai fait un bon marché en les achetant trente-cinq louis; vous feriez un marché de Juif à votre tour, si vous n'en donniez que trente-six : çà ne conviendroit pas à un Monsieur Baron; tenez, je vous les passerai à cinquante louis.

LE BARON.

Vilain Juif.

NATHAN LÉVI.

Un autre en payeroit soixante.

LE BARON.

As-tu le front de profiter ainsi de mon embarras?

NATHAN LÉVI.

C'est le fin du métier. (*Il écrit.*) 70 & 50 font 120. — Voilà un diamant qui vaut cent louis: mais comme je l'ai acheté de hasard, bon marché, je vous le passerai à quatre-vingt. — Examinez, — en avez-vous jamais vu de plus beau?

LE BARON.

Effectivement il est bien beau; mais quatre-vingt....

NATHAN LÉVI.

Oh! c'est à prendre ou à laisser. (*Il écrit.*) 70 & 50 font 120. 120 & 80 font 200. Voilà votre compte.

LE BARON.

Mais sur ces deux cents louis de bijoux, on ne m'en prêtera peut-être pas cent.

NATHAN LÉVI.

Plus de cent cinquante; ils en valent trois cents. A présent il faut m'accommoder une bonne lettre de change, & je me recommande à votre générosité pour les intérêts des trois mois qu'il me faudra attendre pour avoir mon l'argent.

LE BARON.

Des intérêts encore?

NATHAN LÉVI.

Selon votre générosité. Ecoutez, accommodez la lettre pour deux cents dix louis : aussi vous pouvez être bien sûr qu'en toute occasion vous me trouverez prêt à vous servir.

LE BARON.

Allons, je vais faire la lettre de change dans le Café, & je te l'apporte dans l'instant.

SCENE VII.

NATHAN LÉVI, *seul.*

OH! çà, calculons un peu combien j'ai gagné dans toutes ces affaires ci. (*Il chiffre, & met à part les bijoux qu'il énonce.*) J'avois acheté la premiere bague & la premiere boîte d'or 40 louis, je les ai vendus 60; çà fait 20 louis de profit: je les ai rachetés 30 louis, & revendus 70; çà fait 40 louis de profit: 40 & 20 font 60 louis, que j'ai gagnés sur ces deux bijoux. J'ai acheté cette boîte & ces deux montres 35 louis; l'instant d'après je les revends à la même personne 50; c'est 15 louis de profit: 60, & 15, font 75.

Je vends cette bague 80 louis; elle m'eſt venue d'un Ruſſe à qui j'avois prêté 30 louis deſſus, avec un billet de vente pour quinze jours; le terme eſt expiré depuis hier; çà fait 50 louis de profit; 50 & 75, font 125 louis d'or que je gagne ſur ces trois articles... C'eſt un joli bénéfice & une belle choſe que le calcul. — Je crois que j'aurais pu lui vendre cette derniere bague dix louis de plus. — Bête que je ſuis!... Ah! patience, les dix louis d'intérêts répareront ma faute. (*)

SCENE VIII.

NATHAN LÉVI, LE BARON DE GONZINET.

LE BARON.

Tiens, voilà la lettre de change de deux cents dix louis, bonne & bien faite.

NATHAN LÉVI.

Voyons un peu; (*Il la prend.*) oui, elle eſt bien en regle : (*il la met dans ſon porte-feuille.*) &

(*) *Nota.* Les perſonnes qui n'ont jamais eu le malheur d'avoir recours aux uſuriers, trouveront invraiſemblable la progreſſion du gain de Nathan Levi. Pour moi, je n'en connais que trop la poſſibilité; car je me ſouviens parfaitement, entre les mauvaiſes affaires que j'ai faites en ma vie, d'avoir payé au bout de trois ans 125 louis pour 35 que j'avais reçus.

La ſcene entre le Baron & le Juif, pourra paraître un peu longue; mais il n'en fallait pas moins pour marquer les gradations par leſquelles les enfants d'Iſraël vous menent à leur but.

voilà tous vos bijoux. On n'en a jamais vendu aussi bon marché à crédit.

LE BARON.

On n'a jamais vu un aussi grand Juif que toi.

NATHAN LÉVI.

Çà me fait honneur : c'est comme si vous disiez à un Général, vous êtes un grand Général.

LE BARON.

Oh ! çà, il faudra que tu me menes chez ton ami le Chrétien Juif Celleri, pour qu'il me prête de l'argent sur ces effets.

NATHAN LÉVI.

C'est juste, nous y irons dans une heure.

LE BARON.

Ah ! j'apperçois un Mylord qui pourroit bien aussi avoir besoin de toi ; je l'ai vu tout-à-l'heure aux prises à une partie où il perdoit considérablement.

NATHAN LÉVI.

Un Mylord ! je suis à son service : il a l'air fâché.

SCENE IX.

NATHAN LÉVI, LE BARON DE GONZINET, MYLORD BRICBROC.

LE BARON.

EH bien, Mylord, comment vous êtes vous tiré de cette partie ?

BRICBROC, *de très mauvaiſe humeur.*

J'ai été friponné de cinq cents guinées; mais l'on a arrêté les frippons.

LE BARON.

Quoi, le Marquis Français?...

BRICBROC.

Oui, ce coquin de Marquis, qui a eu cette diſpute avec cet autre coquin de Chevalier Gaſcon, en jouant avec lui au billard, ſont deux frippons d'intelligence.

LE BARON, *vivement.*

J'ai perdu cent louis à cette partie; je cours les réclamer. *Il ſort.*

SCENE X.

NATHAN LÉVI, MYLORD BRICBROC.

NATHAN LÉVI, *reſpectueuſement.*

MYlord aurait-il par haſard beſoin de mes ſervices?

MYLORD BRICBROC, *toujours de mauvaiſe humeur.*

Va te promener, laiſſe-moi tranquille.

Le Juif s'éloigne.

SCENE

SCENE XI.

MYLORD BRICBROC, MYLORD SPLÉENE.

SPLÉENE, *empreſſé.*

AH, te voilà, mon cher Mylord, je te cherchais. On eſt venu dire à mon Dame Marquiſe qu'on avait arrêté ſon mari, &....

BRICBROC.

Que le diable t'emporte avec ton Dame, ton Marquiſe : tu es cauſe qu'on m'a fripponné cinq cents guinées.

SPLÉENE.

Comment diable çà ce peut-il être?

BRICBROC.

J'ai d'abord beaucoup perdu à cette partie de billard que faiſait le Marquis avec le Chevalier Gaſcon, qui tremble ſi fort, & qui a gagné l'argent de tout le monde ; ils ſe ſont diſputés & voulaient aller ſe battre ; comme un ſot, je les ai ſéparés.

SPLÉENE.

Tu as bien fait : çà aurait cauſé beaucoup chagrin à mon charmante Marquiſe.

BRICBROC.

Ecoute-moi, c'était une diſpute de convention entre ces deux coquins ; quand je les ai vus un peu calmés, j'ai propoſé au Marquis de jouer, pour l'empêcher d'aller à ſa maiſon. Il a taillé un infernal jeu qu'ils appellent *trente & quarante* ; il a gagné l'impoſſible. Un joueur qui perdait beaucoup, ſoupçonnant quelque fripponnerie, a épié le jeu, & a surpris le Chevalier Gascon passant au Marquis un jeu de cartes tout préparé par-dessous la table, avec lequel il aurait gagné encore neuf coups de suite. Aussitôt on leur a tombé dessus : tout en se défendant, ils ont mis l'argent dans leur poche ; mais accablés par le nombre, ils se sont rendus, & on les a traînés chez l'Officier de police.

SPLÉNE.

Serait-il possible que mon Dame la Marquise fût la femme d'un frippon ? mais çà ne l'empêcherait pas d'être honnête aussi fort que belle ; je suis bien sûr qu'elle l'est.

BRICBROC.

Et moi, je parierai qu'elle ne vaut pas mieux que lui. Ne t'a-t-elle pas fait jouer chez elle ?

SPLÉENE.

Il est venu un moment après moi le Signor Rapiamini, qui est le plus poli homme du monde. Pour qu'il ne dise pas à M^r^. le Marquis qu'il m'avait trouvé chez lui, je lui ai fait beaucoup politesse. Comme il aime le piquet, mon Dame le Marquise lui a proposé de faire le chouette à elle & à moi au piquet au marqué. Il a joué d'un bonheur considérable ; il avait toujours quatre as, & le Marquise était grande malheureuse ; elle donnait toujours les as au Signor. J'ai perdu cent guinées, & mon Dame la Marquise cinquante. Ensuite on est venu avertir qu'on avait arrêté M^r^. le Marquis, & le Marquise est d'abord affligée beaucoup, & m'a fait sortir pour aller parler en son faveur. Ah, mon cher Mylord, qu'elle était belle !

BRICBROC.

Comment ! tu ne vois pas qu'on t'a fripponné aussi ?

SPLÉENE.

Ce qui pourrait me faire ſoupçonner un peu le Signor Rapiamini, c'eſt qu'il s'eſt vîte ſauvé par la porte de derriere.

BRICBROC.

A l'Italienne.

SPLÉENE.

Mais mon Dame la Marquiſe...

BRICBROC.

Ne t'a attiré chez elle que pour t'attraper. Tout cela était concerté entre le mari, la femme, l'amie & le Signor. C'eſt une bande de frippons.

SPLÉENE.

Tu crois?

BRICBROC.

Eh, ſans doute. Ou diable as-tu été t'imaginer que cette femme était amoureuſe de toi ?

SPLÉENE.

Parbleu, ſur mon bonne mine. Que le peſte étouffe le Marquiſe, & moi auſſi, ſi je ſuis encore dupe ! — Qu'eſt-ce que c'eſt que tout ce monde qui vient ici ?

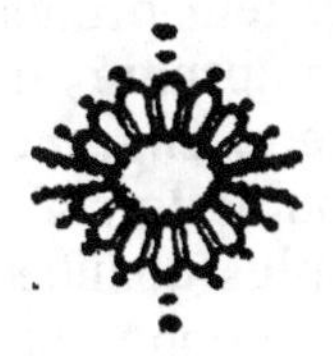

SCENE XII.

MYLORDS BRICBROC ET SPLÉENE, LE MARQUIS DE KARAKAKA, LE CHEVALIER DE LA VIEILLE-ROQUE, UN EXEMPT, QUATRE RECORS, PEUPLE.

BRICBROC.

AH, ah, ce ſont nos frippons qu'on amene.

L'EXEMPT, *aux Mylords.*

Mylords, vous êtes du nombre de ceux qui ont été fripponnés par ces Meſſieurs; vous vous trouvez ici fort à propos pour être témoins de leur punition. Je vais faire lecture de l'ordonnance, avant de procéder à l'exécution. *Il lit.*

Le Souverain étant informé que parmi les étrangers de tous rangs & qualités que les eaux minérales attirent ici, tant par raiſon de ſanté que pour y jouir des plaiſirs qui s'y trouvent réunis, il ſe gliſſe des malheureux, qui, cachant leur baſſe origine d'un beau nom ſuppoſé, & leur profeſſion infâme, la plupart, d'un uniforme emprunté, fripponnent au jeu, a réſolu d'extirper cette engeance qui ſouille le titre de joueur, & trouble le plaiſir que les gens les plus honnêtes & les plus qualifiés trouvent à jouer. En conſéquence, il ordonne que :

Tout Marquis du haſard, Chevalier d'induſtrie, Officier des eaux minérales, Grec, & cœtera, ſurpris fripponnant, ſera arrêté & conduit à l'Officier de Police, qui, ſur le champ, le fera mener ſur une des places publiques de la ville, où il ſera décoré de l'uniforme ci-après détaillé, & obligé enſuite de partir avec ledit uniforme, ſous quatre heures de temps.

L'uniforme ſera un chapeau bordé de neufs de cœur, ayant un huit de carreau pour cocarde, & un cornet pour panache. Sur l'habit qu'ils auront ſur le corps, on placera des Brandebourgs en carte, & des cartes parſemées ſur l'habit, la veſte & la culotte ; des parements verds à l'habit, faits avec un vieux drap de billard ; pour épaulette, un galon de carte où pendront des dez au bout d'une frange de fil ; pour épée, une queue de billard à laquelle pendra une corde avec deux billes au bout en guiſe de dragonne. Voulant que la préſente ordonnance ſoit exécutée, & *cœtera.*

L'EXEMPT, *aux quatre Recors.*

Allons, vous autres, procédez promptement à l'exécution de l'ordonnance. *Ils habillent les deux frippons, dont la contenance eſt mal aſſurée.*

BRICBROC.

C'eſt fort bien imaginé, excellent.

SPLÉENE.

Monſieur le Marquis de Karakaka, vous allez avoir une bonne figure comme çà.

L'EXEMPT.

Ces Meſſieurs ont été obligés d'avouer leur véritable extraction à Mr. l'Officier de Police ; le Marquis de Karakaka était marqueur de billard à Paris, & le Chev. de la vieille Roque maltôtier à Bordeaux.

BRICBROC.

Oh, canailles. Mais, Mr. l'Exempt, on leur a ſans doute ôté l'argent qu'ils nous ont fripponné ?

L'EXEMPT.

Oui, Mylord, on ne leur a laiſſé que dix louis à chacun.

BRICBROC.

On nous le rendra donc?

L'EXEMPT.

Il faut au préalable payer là-dessus une amende considérable, ensuite les fraix de la toilette de ces Messieurs, & ceux de la Justice; vous sentez bien que cela monte fort haut.

BRICBROC.

J'entends, nous pouvons y renoncer.

L'EXEMPT, *aux deux frippons dont la toilette est finie.*

Oh, çà, Messieurs, vous voilà armés de pied en cap, vous pouvez vous promener pendant quatre heures où bon vous semblera; mais ayez soin de partir aussi-tôt qu'elles seront expirées.

L'Exempt se retire, & emmene le peuple qui s'en va en riant aux éclats.

SCENE DERNIERE.

LE MARQUIS, LE CHEVALIER, *après s'être fixés quelques temps.*

LE CHEVALIER.

EH bien, Mr. lé Marquis, nous voilà en assez jolie posture.

LE MARQUIS

Pas mal.

LE CHEVALIER.

Si nous allions faire un tour dans votre Marquisat?

LE MARQUIS

Allons plutôt à votre château sur la Garonne.

LE CHEVALIER.

L'aïr y est trop bif.

Un silence.

LE MARQUIS, *en lui prenant la main.*

Du courage, mon ami : il faut savoir, d'un front d'airain, faire tête à l'orage.

LE CHEVALIER.

Sandis, vous avez raison. Nous avons une queue dé billard & dix louis chacun, on put faire ressource avec çà. Combien dé grands Seigneurs ont commencé avec moins !

LE MARQUIS.

C'est bien dit. Allons chercher d'autres eaux minérales.

LE CHEVALIER.

Oui, celles-ci né valent rien à nos tempéraments; elles sont un peu trop ameres.

FIN.

www.ingramcontent.com/pod-product-compliance
Lightning Source LLC
LaVergne TN
LVHW011954160826
845678LV00002B/530

* 9 7 8 2 3 2 9 6 8 5 7 3 1 *